Jo-Jo

Lesestrategien 3

Arbeitsheft

Grundschule Bayern

Cornelsen

Es hilft dir, wenn du Wörter und Wortteile erkennst

1 Suche die Wörter im Wörterteppich. Schreibe auf,
wie oft du sie gefunden hast.

BrillefbaSdHundfihGBleistiftBlafglTaschenlampekVogLaFotoiLst
KlavHandymiPolizeiDrkaHundBrillesofKjSchreibheftNajAFotokl
PolizeiaTaschenlampeztkOlmBleistiftdaSchreibheftunHoFotomo
ObsatkKlimNghilSchreibheftjIgfrezHundmiwzKilakfTaschenlampe

Brille: _____   Hund: _____   Bleistift: _____   Schreibheft: _____

Taschenlampe: _____   Foto: _____   Handy: _____   Polizei: _____

2 Markiere alle ei , ie , ch und ck in den Wörtern.

Der miese Gauner Dietrich Dreck heckt wieder einen Einbruch aus.

Im Laden von Juwelier Meise lockt ihn ein feines Stück:

eine Armbanduhr mit vielen Edelsteinen! Wie leuchten da

Drecks Augen, mit den echten Steinen wird er

5 reich sein! Nachts knackt der Dieb

die Ladentür mit einem Ruck auf.

Doch er hat nicht mit Meises wachsamem Hündchen

gerechnet. Das Biest beißt ihn ins Bein! Danach ist es

für die Polizei leicht, den Dieb zu packen.

Lesen üben

3 Markiere alle schn , schl , schw , schr .

Welche Detektivbücher kennst du?

Detektiv Schnurr auf der Spur

Unter seinem schwarzen Hut ist Detektiv Schnurr ganz verschwitzt.
Er muss einen schwierigen Fall lösen. Holger Schmalz vermisst
eine wertvolle, mit Gold beschlagene Uhr. Der Schreibtisch,
auf dem sie lag, ist leer. Schnurr hat keine Fingerabdrücke gefunden.
5 Und auch sein Hund Schlappohr hat nichts erschnüffelt.
Merkwürdig!
Der Detektiv denkt noch einmal scharf nach:
Die Haustür war abgeschlossen, es gibt
keine Einbruchspuren, und nichts anderes fehlt.
10 Selbst der Geldschrank ist unversehrt.
Wie kann das sein? Entschlossen betrachtet
Schnurr mit einer Lupe noch einmal
die Fotos des Tatorts.
Da weiß er plötzlich, wo die Uhr zu finden ist.

4 Schreibe die Antworten auf

So oft steht der Name „Schnurr" im Text: _____ -mal

In welcher Zeile stehen diese Wörter?

Fingerabdrücke: Zeile _____   verschwitzt: Zeile _____

Gold: Zeile _____   Schlappohr: Zeile _____   Geldschrank: Zeile _____

Wer hat die Uhr gestohlen? _____

_____

Lesen üben

Es hilft dir, wenn du überlegst, wie es weitergehen kann

1 Kreuze die passenden Fortsetzungen an.

Heute Nachmittag gehen wir in den Z⋆⋆,

☐ ich freue mich schon auf die Akrobaten.
☐ ich mag Fußball so.

Ein berühmter Z⋆⋆erer tritt im Zirkus auf.

☐ Seine Clownsnase ist rot.
☐ Er lässt Tiere verschwinden.

2 Kreuze alle passenden Fortsetzungen an.

Der Zauberer hält einen kleinen Käfig hoch und wirft ein T⋆⋆ darüber.

☐ Er zieht das Tuch weg, da hockt ein Huhn im Käfig.
☐ Als er das Tuch wegzieht, sitzt ein riesiger Löwe im Käfig.

> Lies die Sätze und stelle dir alles genau vor. Ist es dann leichter zu überlegen, wie es weitergehen kann? Tausche dich mit anderen Kindern darüber aus.

Aus seinem Zylinder zaubert er drei weiße K⋆⋆chen hervor.

☐ Es hüpft ganz aufgeregt in der Manege herum.
☐ Er setzt sich den Zylinder wieder auf den Kopf.

Der Zauberer verbeugt sich, und die Zu⋆⋆ klatschen.

☐ Er winkt den Zuschauern zu.
☐ Nach dem Auftritt verschwinden sie hinter dem Vorhang.
☐ Da gibt der Zauberer noch eine Zugabe.

Lesen üben

Ein Mädchen soll in eine große Kiste klettern.
Dann sticht der Zauberer zwei Schwerter in die Kiste.

- Die Zuschauer haben Angst um das Mädchen.
- Die Zuschauer haben Angst um die Mädchen.
- Sie öffnet die Kisten wieder: Sie ist leer,
  nur die Schwerter stecken darin!
- Er öffnet die Kiste wieder: Sie ist leer,
  nur die Schwerter stecken darin!

Der Zauberer schwingt den Zauberstab.
Dann zieht er die Schwerter mit einem Ruck heraus.

- Jetzt springen auf einmal zwei Mädchen aus der Kiste.
- Jetzt springt plötzlich ein Hund aus den Kisten.
- Der Trick ist gelungen, und sie verbeugen sich.
- Die Tricks sind gelungen, und er verbeugt sich.

Am Ende der Vorstellung gibt es einen lauten Knall,
und Rauch quillt in die Manege.

- Als die sich verzieht, ist der Zauberer verschwunden.
- Als der sich verzieht, ist der Zauberer verschwunden.
- Die Zuschauer jubeln begeistert und riefen „Bravo".
- Die Zuschauer jubeln begeistert und rufen „Bravo".

Warst du auch schon einmal an so einem Ort?
Was hast du dort gesehen?

Lesen üben

Es hilft dir, wenn du einen Text vor dem Lesen betrachtest

- Lies zuerst die Überschrift.
- Schau dir die Bilder an.
- Vermute, worum es in dem Text geht.

Der große Tier-Report: Die Kämpfer mit den Scherenhänden

1 Worum könnte es in dem Text gehen? Schreibe deine Vermutung auf.

2 Hier haben andere Kinder vermutet, worum es geht. Welche Vermutungen passen? Male die Sprechblasen an.

Leo: Eine Geschichte über einen Superhelden, der seine Hände in Scherenhände verwandeln kann!

Imre: Ich glaube, es geht um Krebse oder Krabben.

Greta: Es ist bestimmt ein Bericht über Tiere, die gegeneinander kämpfen.

Herta: Vielleicht geht es um Krieger, die Scheren als Waffen benutzen?

Texte besser verstehen

3 Betrachte das Bild und die Überschrift.
Worum könnte es gehen? Schreibe deine Vermutung auf.

Apfeltaschen

```
┌────────────────────────────────────────┐
└────────────────────────────────────────┘
┌────────────────────────────────────────┐
└────────────────────────────────────────┘
┌────────────────────────────────────────┐
└────────────────────────────────────────┘
┌────────────────────────────────────────┐
└────────────────────────────────────────┘
┌────────────────────────────────────────┐
└────────────────────────────────────────┘
```

4 Welche Informationen erhältst du durch das Bild und die Überschrift?
Welche Informationen erhältst du nur durch den Text? Markiere farbig.

Darf denn jeder seine Äpfel herumliegen lassen? Wenn Pferde ihre Äpfel fallen lassen, macht das nicht so viel aus. Es gibt nicht mehr so viele Pferde und Pferdekot ist schließlich nicht so eklig wie die Haufen, die viele Hunde jeden Tag in den Straßen hinterlassen. Aber in manchen großen Städten, wie Wien, Salzburg oder Rom, sind viele Besucher gerne in Pferdekutschen unterwegs. Und wo viele Pferde sind, da ist auch viel Pferdemist!

Deshalb müssen die Kutscher dafür sorgen, dass die Pferdeäpfel nicht auf der Straße landen.
In manchen Städten müssen Kutscher die Pferdeäpfel beseitigen. Es gibt spezielle Taschen, die die Pferdeäpfel auffangen. Die Äpfel fallen von oben in die Taschen hinein.
In den großen Städten fahren vor allem die Touristen mit den Kutschen.

Findet heraus: Gibt es auch in eurer Nähe solche Kutschfahrten? Was passiert da mit den Pferdeäpfeln?

Texte besser verstehen

Es hilft dir, wenn du dir einen Überblick verschaffst

- Verschaffe dir einen Überblick über den Text.
- Schau dir die Bilder an.
- Vermute, worum es in dem Text geht.

1 Lies die Überschrift und betrachte die Bilder.
Was ist das für eine Textsorte? Worum geht es? Kreuze an.

☐ Experiment mit Brausepulver ☐ Rezept aus grünen Bohnen

☐ Sachtext über die Herstellung von Kakao ☐ Gedicht über Baumblüten

Ein leckeres Pulver

Woher kommt das Kakaopulver für den Kakao?
Kakaopulver wird aus den Samen des Kakaobaumes gemacht. Diese Bäume wachsen nur in Ländern, in denen es sehr warm und feucht ist. Solche Länder findet man rings um den Äquator, zum Beispiel in Südamerika oder Afrika.

Was findet ihr über den Äquator heraus?

An sich schmecken die Kakaosamen gar nicht gut. Sie sind sogar richtig bitter. Diese Samen, man nennt sie auch Bohnen, stecken im Fruchtfleisch der Kakaofrüchte. Die Bohnen werden getrocknet, geschält, geröstet und gemahlen.

Dann kommt noch Zucker dazu. Fertig ist das Kakaopulver, aus dem du zu Hause mit Milch oder Wasser deinen Kakao machen kannst!

Texte besser verstehen

2 Lies einen Satz vom Anfang, aus der Mitte und vom Ende des Textes. Schreibe auf, welche Informationen du vom Überblick über den Text erfahren hast.

_____

_____

_____

_____

_____

_____

_____

_____

3 Welche Fragen kannst du beantworten, wenn du nur die Sätze vom Anfang, aus der Mitte und vom Ende liest? Für welche Fragen musst du den Text ganz lesen? Kreuze jeweils in der richtigen Spalte an.

	Überblick verschaffen	ganz lesen
Wie schmecken die Baumsamen?		
Wie wird Kakaopulver hergestellt?		
Was passiert mit den Bohnen?		
Welche Zutaten brauchst du für Kakao?		

Besprecht in der Gruppe: Warum ist es gut, sich vor dem Lesen einen Überblick über den Text zu verschaffen?

Texte besser verstehen

Es hilft dir, wenn du Texte mehrmals liest

> • Wenn du etwas nicht verstanden hast,
> lies den Absatz oder den ganzen Text noch einmal.

1 Verbinde jedes Mädchen mit seinem Haustier.

Sophie, Emily und Amanda lieben Tiere. Jede von ihnen hat ein Haustier. Zusammen sind das ein Wellensittich, ein Hamster und ein Kaninchen. Lucas möchte wissen, wem welches Tier gehört. Aber die drei Freundinnen machen es ihm nicht leicht.

2 Lies den Text. Markiere die Stellen, die dir beim Lösen der Aufgabe helfen.

Busfahrt

Im Bus sitzen nur zwei Personen. Der Bus hält an der ersten Station. Vier Leute steigen ein, aber niemand verlässt den Bus. An der zweiten Haltestelle kommen einundzwanzig dazu, dreizehn steigen aus. Am Odeonplatz verlässt niemand den Bus, aber dreizehn Leute steigen ein. An der Universität strömen dann achtzehn hinaus, niemand steigt ein. An der Endhaltestelle verlassen schließlich die letzten Passagiere den Bus.

So oft hat der Bus gehalten: _____-mal

Texte besser verstehen

3 Lies den Text. Ergänze die Tabelle.

Wer ist wer?

Nach den Ferien besuchen drei neue Kinder die Klasse. Sie kommen aus verschiedenen Ländern und haben an unterschiedlichen Tagen Geburtstag. Wie heißen die drei, aus welchen Städten kommen sie und wann sind ihre Geburtstage?

Sema kommt nicht aus Nürnberg.
Der Junge, der am 27. März Geburtstag hat, kommt aus Verona.
Franzi hat am 5. Oktober Geburtstag.
Antonio hat im Frühling Geburtstag, zwei Tage nach einem neuen Mädchen.
Das Mädchen aus Ankara hat nicht im Herbst Geburtstag.

Name	Stadt	Geburtstag

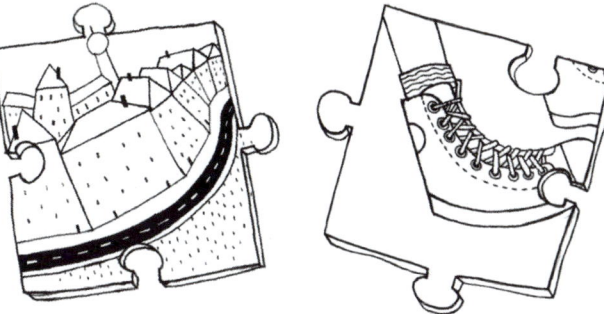

Finde heraus: Welche Sprachen sprechen die Kinder?

Besprecht in der Gruppe: Warum hat es euch geholfen, die Texte mehrmals zu lesen?

Texte besser verstehen

Es hilft dir, wenn du unbekannte Wörter klärst

- Suche im Text nach einer Erklärung.
- Schau dir das Bild an.
- Schlage in einem Lexikon nach.
- Frage andere Kinder oder Erwachsene.

Der Natur abgeguckt

Viele Erfindungen, die wir täglich nutzen, sind der Natur abgeschaut. Tiere und Pflanzen besitzen oft Eigenschaften, die uns zum Staunen bringen. Forscher versuchen, solche Vorbilder zu nutzen. Diese Wissenschaft nennt man Bionik.
5 Das Wort ist zusammengesetzt aus Biologie (= die Lehre vom Leben) und Technik. So entstehen nach dem Vorbild der Natur künstliche Dinge, die uns das Leben erleichtern. Zum Beispiel der Klettverschluss. Wenn der Schweizer Ingenieur Georges de Mestral mit seinen Hunden spazieren
10 ging, blieben immer wieder Früchte der Großen Klette im Fell der Hunde hängen. Unter dem Mikroskop entdeckte der Ingenieur, dass diese Früchte winzige Häkchen tragen, die auch beim gewaltsamen Entfernen der Früchte aus Haaren oder Kleidern nicht abbrechen. Da kam ihm
15 die Idee für den Klettverschluss.

Ein anderes Beispiel sind Schwimmflossen, die von den Schwimmfüßen der Enten und Gänse abgeguckt sind. Viele Innovationen würde es ohne diese Wissenschaft nicht geben.

Suche weitere Erfindungen, die von der Natur abgeguckt sind.

1 Markiere alle unbekannten Wörter. Aus welchen Wörtern setzt sich „Bionik" zusammen? Suche die Erklärung im Text und schreibe sie auf.

(Zeile _____)

2 Welche Wörter aus dem Text werden hier erklärt?
In welcher Zeile findest du die Wörter im Text?

Pflanze, wächst an Wegrändern, auf Feldern oder Äckern.
Die Blüten sind kugelförmig und rot bis lilafarben. An den Früchten
befinden sich kleine Häkchen. Sie bleiben im Fell von Tieren hängen,
die vorbeistreifen. Auf diese Weise verbreiten sich die Samen.

_____ (Zeile _____)

Vergrößerungsgerät, macht mit Hilfe von Glaslinsen Dinge sichtbar, die so
klein sind, dass das menschliche Auge sie normalerweise nicht sehen kann.

_____ (Zeile _____)

Technischer Beruf

_____ (Zeile _____)

3 In der letzten Zeile des Textes steht ein Fremdwort. Wie kannst du herausfinden, was es bedeutet? Schreibe zwei Möglichkeiten auf.

_____

_____

_____

_____

_____

Das Wort bedeutet:

_____

Texte besser verstehen

Es hilft dir, wenn du einen Text unterteilst

Ihr könnt die Fabel auch spielen.

• Teile den Text in Absätze ein.

Noahs Taube

Als die große Sintflut kam, baute Noah
ein riesiges Schiff, die Arche.
Alle Tiere der Erde versammelten sich.
Die Tiere hatten große Furcht.
5   Sie hatten gehört, Noah würde nur
die Besten von ihnen mitnehmen.
Da begann ein Wettstreit zwischen ihnen.
„Ich bin der Stärkste", brüllte der Löwe.
„Dafür bin ich der Größte", trompetete der Elefant.
10 „Unwichtig", japste der Fuchs. „Ich bin der Klügste!"
„Aber ich lege Eier", gackerte das Huhn.
„Milch ist noch wichtiger!", muhte die Kuh.
So stritten die Tiere miteinander.
Noah aber fiel auf, dass die Taube schweigsam
15 auf einem Zweig hockte.
„Warum bist du so still?", fragte Noah sie.
„Hast du denn gar nichts Besonderes an dir?"
„Doch", gurrte die Taube, „aber darum bin ich nicht besser,
oder klüger oder schöner als die anderen."
20 „Die Taube hat Recht", sagte Noah. „Hört auf zu prahlen
und zu streiten. Ich werde euch alle in die Arche aufnehmen."

Isaac Bashevis Singer

1 Teile den Text in drei Absätze ein. Umrande die Absätze mit unterschiedlichen Farben.

2 Wähle für jeden Absatz die passende Überschrift aus. Markiere sie in derselben Farbe.

| Noah und seine Freunde |
| Angst vor der Flut |

Zeile _____ bis _____

| Der Streit der Tiere |
| Der starke Löwe |

Zeile _____ bis _____

| Die kluge Taube |
| Kein Platz auf der Arche |

Zeile _____ bis _____

Texte besser verstehen

Es hilft dir, wenn du einen Text unterteilst

Der Löwe und die Maus

Ein Löwe schlief und merkte nicht, dass um ihn herum
einige Mäuse spielten. Eine unvorsichtige Maus lief
über das schlafende Tier. Der Löwe erwachte und packte sie
mit seinen gewaltigen Tatzen, um sie zu zerreißen.
5 „Hilfe, Hilfe", rief das Mäuschen. „Ich habe dich nicht stören wollen.
Schenke mir die Freiheit, dann kann ich dir auch einmal helfen,
wenn du in Not bist."
Der Löwe musste über die ängstliche Maus lachen.
Großmütig schenkte er ihr das Leben und dachte bei sich,
10 wie ein so kleines Tier einem starken Löwen wohl helfen könne.
Etwas später hörte die Maus in ihrem Mauseloch
den Löwen laut brüllen. Neugierig lief sie zu ihm und sah,
dass er in eine Falle geraten war. Er hatte sich
in einem Netz verfangen und konnte sich nicht befreien.
15 Der Löwe brüllte laut, da er wusste, dass er verloren war.
„Hab keine Angst", sprach die Maus. „Ich helfe dir."
Fleißig zernagte sie einige Knoten, bis sich der Löwe befreien konnte.
So vergalt die Maus die ihr erwiesene Großmut.

nach Äsop

> Kennt ihr das auch, wenn ein Kleiner einem Großen hilft?

1 Teile den Text in Absätze ein.
Überlege, an welcher Stelle im Text
etwas Neues passiert.
Wie viele Absätze findest du?
Umrande die Absätze mit unterschiedlichen Farben.

> Untersucht die Fabeln auf Seite 14 und Seite 16. Was ist das Besondere an diesen Tieren? Was fällt euch auf?

2 Schreibe für jeden Absatz eine Überschrift auf.

Zeile _____1_____ bis _____ :

Texte besser verstehen

17

Es hilft dir, wenn du W-Fragen zu Texten stellst

> • Stelle W-Fragen an den Text:
>   Wer? Was? Wann? Warum? Wo? Wie?

Alles über Tracy

Mein Name ist Tracy Baker.
Ich bin 10 Jahre und 2 Monate alt.
Mein Geburtstag ist am 8. Mai. Es ist unfair, weil
der Blödmann Peter Ingham dann auch Geburtstag hat.
5 Wir haben also nur einen Kuchen für uns beide bekommen.
Und wir mussten beide das Messer halten, um den Kuchen
zusammen anzuschneiden. Das heißt, dass jeder nur einen
halben Wunsch hatte. Wünsche sind sowieso was für Babys.
Wünsche gehen nicht in Erfüllung.
10 Mein Geburtsort ist irgendein Krankenhaus irgendwo.
Ich sah niedlich aus, als ich ein kleines Baby war, aber ich
habe bestimmt viel gebrüllt.
Ich bin _____cm groß. Ich weiß es nicht. Ich habe versucht,
mich mit einem Lineal zu messen, aber es wackelt immer
15 herum, wenn ich es über meinem Kopf an die Wand halte.
Ich will nicht, dass mir die anderen Kinder helfen.
Dieses Buch ist für mich ganz allein. Niemand soll wissen,
was ich reinschreibe.

Tracy würde gerne ein richtiges Zuhause mit einer richtigen
20 *Familie haben. Aber bis dahin versucht sie, es sich*
im Kinderheim so angenehm wie möglich zu machen.
Und das ist manchmal gar nicht so einfach.

Jacqueline Wilson

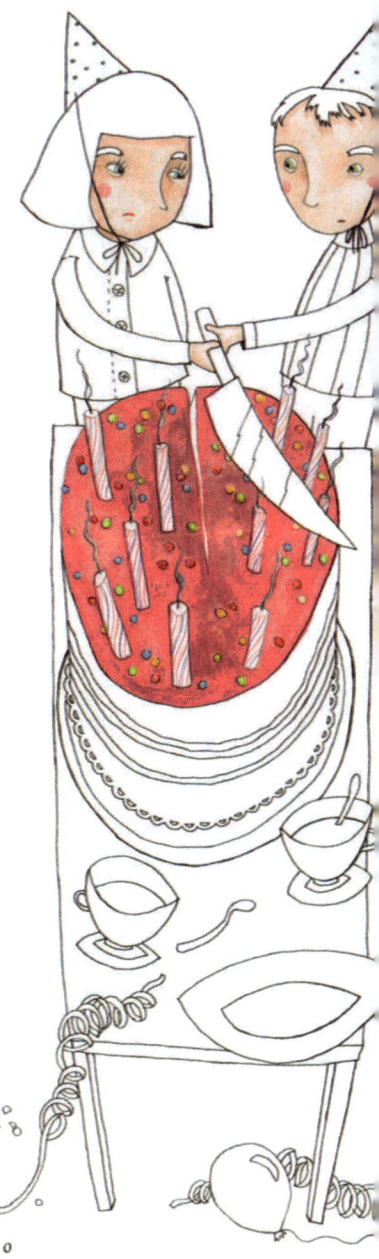

„Die unglaubliche Geschichte der Tracy Baker" kannst du auch als Buch lesen.

Texte besser verstehen

1 „Tracy Baker", „am 8. Mai", „einen Kuchen":
Markiere diese Stellen im Text.
Schreibe die passenden W-Fragen auf.

Wer _____?

Wann _____?

Was _____?

2 Überlege dir W-Fragen zum ganzen Text und schreibe sie auf.
Markiere die passenden Antworten im Text.

_____

_____

_____

_____

_____

_____

_____

_____

3 Macht ein Quiz: Stellt euch gegenseitig eure Fragen.

Texte besser verstehen 19

Es hilft dir, wenn du die wichtigen Wörter findest

• Finde die wichtigen Wörter in jedem Absatz.

Eine Sommerüberraschung

An einem heißen Sommertag gehen Ulrike und Ulli
mit ihren Eltern ins Schwimmbad.
Vater, Ulrike und Ulli gehen ins Wasser.
„Brr, ist das kalt!", ruft Ulli. Sie spielen und planschen.
5 Als sie aus dem Wasser kommen, spritzen sie Mutter nass.

Dann spielen sie zusammen Fangen.
Der Nachmittag ist schnell vorbei.
„Gut abtrocknen", sagt Vater, „sonst erkältet ihr euch."
„Die Haare können wir doch von der Sonne trocknen lassen!",
10 ruft Ulli.
„Nein, die Haare werden abgetrocknet.
Und die nassen Badehosen ausziehen!", bestimmt Mutter.

Auf dem Heimweg fängt es plötzlich an zu regnen. Es regnet so heftig,
dass alle Kleider ganz nass werden. Endlich sind alle zu Hause
15 angekommen. Ihre Haare tropfen vor Nässe. Ulrike lacht und sagt:
„Da hätten wir ja gleich die nassen Sachen anbehalten können."
„Und die Haare hätten wir auch nicht abzutrocknen brauchen",
sagt Ulli. Er schüttelt lachend seinen Kopf, dass die Wassertropfen
durch die Wohnung spritzen.

KNISTER und Paul Maar

Hattest du auch einmal ein Regenerlebnis? Berichte davon.

Texte besser verstehen

1 Lies die ersten beiden Absätze. Entscheide: Welche der markierten Wörter sind wichtig und welche der markierten Wörter sind unwichtig? Schreibe nur die wichtigen Wörter in die Kästchen.

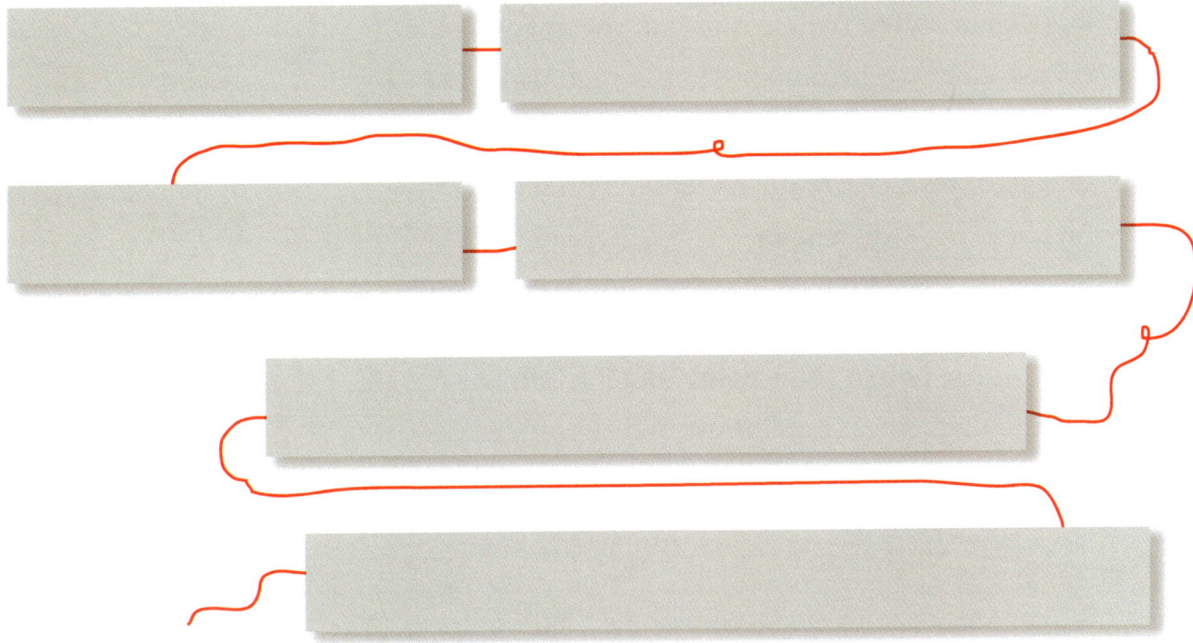

2 Lies den Text. Suche die wichtigen Wörter im letzten Absatz und schreibe sie in die Kästchen.

3 Erzähle die ganze Geschichte mit Hilfe deines „roten Fadens" jemandem, der sie noch nicht kennt. Frage nach: Konnte er oder sie alles gut verstehen? Hast du die richtigen Wörter gefunden?

Texte besser verstehen

Es hilft dir, wenn du die wichtigen Wörter findest

Die Waldameise, eine ausgezeichnete Baumeisterin

Bestimmt habt ihr auf einer Waldlichtung schon einmal einen Ameisenhügel gesehen: einen Haufen aus Tannennadeln, feinen Ästchen und Erdkrümeln, der in seiner Form der Kuppel einer Kirche ähnelt. Hunderte flinker
5 kleiner Ameisen wuseln scheinbar ziellos über ihn hinweg. Der Bau kann bis zu 1,5 m hoch werden und reicht oft bis 2 m tief in die Erde hinein.

Ameisen besitzen einen Panzer aus Chitin, einem sehr harten Stoff. Sie haben sechs Beine und ihr Leib ist
10 in drei Teile gegliedert: Kopf, Brust und Hinterleib. Am Kopf haben sie außer den zwei Fühlern auch noch kräftige Beißwerkzeuge.

Es gibt bei Ameisen nur eine Königin, die Eier legt. Arbeiterinnen füttern den Nachwuchs, machen Beute
15 und kümmern sich um den Bau. Sie kennen anscheinend keine Pausen, deshalb gelten sie als besonders fleißig. Außerdem sind Ameisen sehr stark. Sie können ein Vielfaches ihres eigenen Körpergewichtes tragen.
Waldameisen sind für den Wald besonders nützlich,
20 da sie Schädlinge beseitigen und den Boden belüften. Sie stehen deshalb auch unter strengem Naturschutz.

In dem Text sind auch schwierige Wörter. Hast du sie alle geklärt?

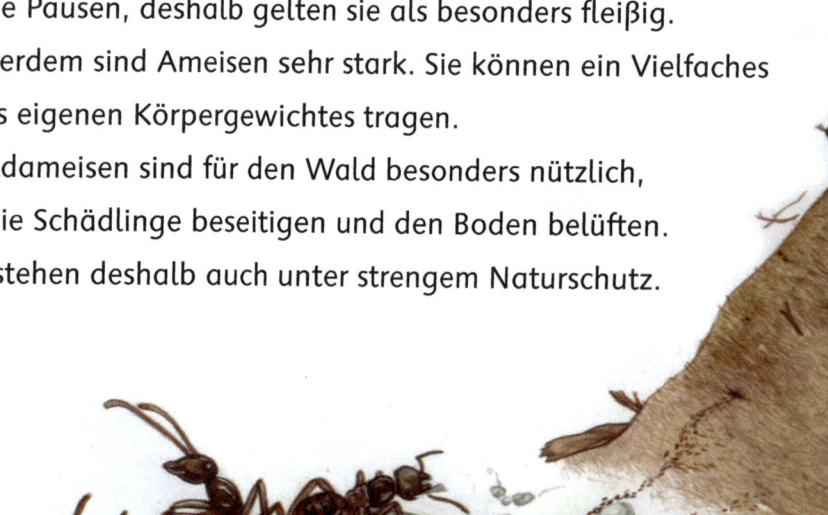

Texte besser verstehen

1 Beschreibe den Ameisenhügel.

Der Ameisenhügel

2 Schreibe in die Kärtchen die wichtigen Wörter, mit denen du das Aussehen einer Ameise gut beschreiben kannst.

> In Büchern oder im Internet findest du noch mehr Informationen. Gestalte ein Ameisenplakat.

3 Halte einen Vortrag über die Waldameise. Nutze deine wichtigen Wörter.

Texte besser verstehen

Es hilft dir, Märchen zu erkennen

Märchen sind Erzählungen, die oft schon sehr alt sind.
Früher hat man sie mündlich weitererzählt.

- Oft beginnen Märchen mit Es war einmal …
  und enden mit … und wenn sie nicht gestorben sind.

- Häufig gibt es darin Sprüche.

- In Märchen gibt es oft Zauberwesen, Riesen und Zwerge
  und sprechende Tiere oder besondere Gegenstände.

- Durch Wünschen oder Zaubern passieren oft
  unmögliche Dinge oder Verwandlungen.

- Oft spielen die Zahlen 3, 7 oder 13 eine wichtige Rolle.

- Die Helden oder Heldinnen in Märchen müssen oft
  Aufgaben lösen oder Prüfungen bestehen.

- Oft gehen die Märchen gut aus.

Schneewittchen

Dornröschen

Tischlein deck dich

Textsorten kennen

1 Betrachte die Bilder. Schreibe die Märchenfiguren, die Märchenzahlen und die besonderen Gegenstände auf.

Finde heraus, wer Märchen gesammelt und aufgeschrieben hat.

Figuren:

Zahlen:

Gegenstände:

2 Welche Märchen-Hinweise entdeckst du in den Textausschnitten? Kreuze sie auf Seite 24 an.

„Spieglein, Spieglein an der Wand, wer ist die Schönste im ganzen Land?" Schneewittchen hinter den sieben Bergen bei den sieben Zwergen war die Allerschönste.

12 Feen waren eingeladen, aber die 13. Fee nicht! Deswegen stach sich Dornröschen an einer verzauberten Spindel und fiel in tiefen Schlaf. Der Prinz musste eine dichte Rosenhecke überwinden.

Es war einmal ein Vater, der hatte drei Söhne. Die zogen in die Welt. Einer bekam einen Tisch, der sich selbst mit Speisen deckte, der andere einen Goldesel und der nächste einen Knüppel-aus-dem-Sack.

3 Hast du ein Lieblingsmärchen? Welche Merkmale findest du darin wieder?

Textsorten kennen

Es hilft dir, Berichte zu erkennen

Berichte informieren über etwas, das passiert ist, oder über etwas, dass jemand erlebt hat.
- Berichte geben immer Antworten auf W-Fragen: Wer? Wo? Was? Wann? Wie? Warum?
- Berichte stehen in Zeitungen und Zeitschriften.

1 Welcher Textausschnitt gehört zu einem Bericht? Kreuze an.

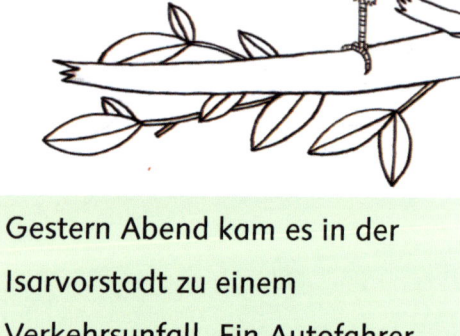

Lucas hat sich das Gesicht abgewischt und gesagt: „Igitt!" Sophie musste so lachen, dass sie ihr Asthmaspray brauchte.

Gestern Abend kam es in der Isarvorstadt zu einem Verkehrsunfall. Ein Autofahrer hatte beim Abbiegen einen Radfahrer übersehen.

Nachdem wir uns mit Broten und Saft gestärkt hatten, gingen wir mit unserem Zooführer zu den Löwen. Das Männchen hatte eine wuschelige Mähne.

Der Apfelbaum, das ist ein Mann! Kein andrer gibt so gern wie der. Im Winter, wenn man schüttelt dran. Da gibt er Schnee die Fülle her.

Erkennst du die anderen Textsorten?

Textsorten kennen

2 Lies den Bericht. Unterstreiche darin die Antworten auf die W-Fragen farbig:
Wann? Was? Wo? Wer? Wie? Warum?

Gelungener Start der „Solar Impulse"

Freitag, der 13. Mai war im Jahr 2011 kein Unglückstag. Im Gegenteil: Das Solarflugzeug „Solar Impulse", das nur durch Sonnenenergie angetrieben wird, startete ohne Probleme in Payerne in der Schweiz. 13 Stunden später landete Pilot André Borschberg das Flugzeug sicher in der belgischen Hauptstadt Brüssel. Das war der erste Flug eines Solarflugzeuges durch mehrere Länder. Auf den Flügeln sind 12 000 Solarzellen angebracht, die die Energie für vier Elektromotoren liefern. Das Flugzeug erreicht nur eine Geschwindigkeit von etwa 70 Stundenkilometern.

Die Entwickler des Flugzeuges hoffen, dass Flugzeuge irgendwann umweltfreundlich nur mit der Kraft der Sonne Fluggäste transportieren können.

3 Märchen oder Bericht? Setze ein.

☐ wurden früher nur mündlich erzählt.

Im ☐ ist nichts ausgedacht.

Sprechende Gegenstände kommen nur in ☐ vor.

☐ informieren sachlich.

Meistens haben ☐ ein gutes Ende.

Märchen oder Berichte? Was liest du lieber? Begründe.

Textsorten kennen

Es hilft dir, wenn du Pläne lesen kannst

Dabeisein ist alles

Nora und ihre Familie fahren zu den Special Olympics!
Dort ist sie als Gleit-Sportlerin angemeldet. Ihr Bruder studiert den Zeitplan.

> Findet mehr über die Special Olympics heraus. Sucht auf Kinderseiten im Internet. Auch Zeitungen berichten darüber.

ZEIT	SCHNEESCHUH	SKI-ALPIN	SKI-LANGLAUF
10–11	10.00–10.15 4 x 100 m Staffel 1. Lauf 10.30–10.45 4 x 100 m Staffel 2. Lauf	10.30–11.30 Riesenslalom Anfänger	10.00–11.00 1000 m Einzellauf
11–12	11.00–11.30 Siegerehrungen Staffel	11.30–13.30 Riesenslalom Fortgeschrittene	11.30–12.00 50 m Gleiten anschließend bis 12.30 Siegerehrungen Einzellauf und Gleiten
12–14	Mittagessen (die Wettbewerbe laufen weiter)		
13–14			13.00–14.00 2500 m Einzellauf
14–15		14.00–15.30 Ski Cross bis 16.00 Siegerehrungen Riesenslalom und Ski Cross	14.30–15.00 Siegerehrung 2500 m Einzellauf
16	FEIER AUF DEM MARKTPLATZ		

Textsorten kennen

1 In welcher Sportart tritt Nora zum Gleiten an? Kreuze an.

☐ SCHNEESCHUH ☐ SKI-ALPIN ☐ SKI-LANGLAUF

2 In welchem Zeitraum findet Noras Rennen statt?

Das Rennen findet statt von _____ bis _____ Uhr.

3 Noras Freund Franz ist ein Slalom-Profi! Er startet beim Riesenslalom. Was könnte Nora mit ihm gemeinsam tun? Kreuze an.

☐ beim Ski Cross zuschauen

☐ Franz zu ihrem Wettkampf mitnehmen

☐ den kurzen Einzellauf verfolgen

☐ zum Staffellauf gehen

☐ um 12 Uhr Mittagessen

Eid der Special Olympics:

Lasst mich gewinnen! Doch wenn ich nicht gewinnen kann, lasst mich mutig mein Bestes geben!

4 Noras Bruder stellt einen Zeitplan für Nora auf. Ergänze in den Spalten die fehlenden Zeiten und Ereignisse.

	1. und 2. Staffellauf
11.30–12.00	
	Siegerehrung
	Mittagessen mit Franz
14–15.30	
ab 16 Uhr	

Textsorten kennen

Inhaltsverzeichnis

Lesen üben

Gleiche Wörter und Wortteile erkennen 2–3

1 Wortgrenzen erkennen, Wörter wiedererkennen
2, 3 schwierige Buchstabengruppen wiedererkennen
4 Wörter auffinden

Verstehen von Zusammenhängen: Hypothesen bilden 4–5

1 Wörter mit fehlenden Buchstaben erkennen, passenden Anschlusssatz finden
2 Wörter mit fehlenden Buchstaben erkennen, passende Anschlusssätze finden

Texte besser verstehen

Überschriften und Bilder nutzen 6–7

1 eigene Vermutungen zu Überschrift und Bild anstellen
2 Überschrift und Bild in Beziehung setzen, andere Vermutungen bewerten
3 Vermutungen zu Überschrift und Bild anstellen
4 Informationsentnahme aus Überschrift, Bild und Text

Sich einen Überblick verschaffen 8–9

1 Informationen aus Überschrift und Bildern gewinnen
2 Informationen aus einem Überblick über den Text gewinnen
3 überblickendes und vollständiges Lesen unterscheiden, Informationen entnehmen

Wiederholtes Lesen 10–11

1. durch wiederholtes Lesen einfache Informationen im Text finden, einfache Schlussfolgerungen ziehen
2. durch wiederholtes Lesen Informationen im Text finden, wichtige von unwichtigen Informationen unterscheiden
3. durch wiederholtes Lesen Informationen aus dem Text schlussfolgern

Unbekannte Wörter klären 12–13

1. Erklärung für unbekanntes Wort im Text auffinden
2. lexikalische Erklärungen unbekannten Wörtern im Text zuordnen
3. unbekanntes Wort im Text auffinden und erklären

Einen Text in Absätze einteilen 14–17

1. Text in Absätze einteilen
2. passende Überschriften herausfinden und zuordnen

1. einen Text in Absätze einteilen
2. Überschriften für Absätze finden

W-Fragen zu Texten stellen 18–19

1. Textstellen auffinden, W-Fragen dazu vervollständigen
2. W-Fragen zum Text stellen, Antworten im Text markieren
3. gegenseitig W-Fragen zum Text stellen und beantworten

Wichtige Wörter finden 20–21

1	wichtige Wörter von unwichtigen Wörtern unterscheiden	
2	wichtige Wörter in einem Textabsatz finden	
3	wichtige Wörter zur Nacherzählung nutzen	

1, 2	wichtige Wörter zu bestimmten Themen in einem Absatz finden	22–23
3	wichtige Wörter zu einem Vortrag nutzen	

Textsorten kennen

Märchen erkennen

1	einzelne Merkmale von Märchen in Märchenbildern erkennen	24–25
2	Merkmale von Märchen in Textausschnitten finden	
3	Merkmale von Märchen im Lieblingsmärchen finden	

Berichte erkennen 26–27

1	aus einer Textauswahl Berichte herausfinden
2	Informationsgehalte von Berichten erkennen
3	Gattungsmerkmale von Märchen und Berichten unterscheiden

Pläne lesen 28–29

1, 2	Informationen aus Zeitplan entnehmen
3	Informationen und Zeiten abgleichen
4	einen Zeitplan ergänzen